LIGUE AGRAIRE

**Pour favoriser le retour au travail de la terre,
l'accession de la propriété aux travailleurs des villes et des campagnes
et le développement de la petite culture.**

FONDÉE A PARIS LE 21 NOVEMBRE 1888

PROPOSITION DE LOI

AYANT POUR OBJET :

1° LA CONSTITUTION EN UN DOMAINE SPÉCIAL

**des biens de l'État, des Départements et des Communes,
non affectés à un service public ;**

2° L'ALLOTISSEMENT DE JOUISSANCE

d'une portion de ce Domaine.

SIÈGE PRINCIPAL DE LA LIGUE :

PARIS, 16, RUE THEVENOT, PARIS

COMITÉ DIRECTEUR DE LA LIGUE

Président de la Ligue et du Comité Directeur :

M. COIFFAVRU, député de Seine-et-Oise.

Vice-Présidents :

MM. JAURÈS, député du Tarn.
MESUREUR, député de la Seine.
DARLOT, conseiller municipal de Paris.

Secrétaire général :

M. FERNAND MAURICE, rédacteur en chef du Journal la *Terre aux Paysans.*

Secrétaires :

MM. CHARLES BOYER, administrateur du Journal la *Terre aux Paysans.*
EDGAR MONTEIL, publiciste, ancien conseiller municipal de Paris.

Trésorier :

M. L. MASSIEUX, administrateur du Journal la *Terre aux Paysans.*

Membres du Comité :

MM. BEAUQUIER, député du Doubs.
BRIALOU, député de la Seine.
HOVELACQUE, conseiller municipal de Paris.
JAMAIS, député du Gard.
LÉVÊQUE, horticulteur, maire d'Ivry, conseiller général de la Seine.
LONGUET, conseiller municipal de Paris.
MARSOULAN, conseiller municipal de Paris.
GEORGES MARTIN, sénateur de la Seine.
S. PICHON, député de la Seine.

EXTRAITS DES STATUTS

ART. 2. — La Ligue a principalement pour objet :

1° L'étude des moyens les plus rapidement capables d'arrêter la désertion des campagnes et l'émigration des cultivateurs, et de fixer définitivement à la terre la majorité des occupants du sol national, afin de dégager les villes des travailleurs qui y sont en excès et de laisser à l'industrie son seul contingent d'ouvriers professionnels ;

2° La recherche des meilleures conditions de remise aux travailleurs de portions de terre, avec les moyens de mettre ces portions de terre en valeur, en sorte qu'une famille puisse vivre de la seule exploitation de la portion du sol qui lui est dévolue ;

3° La diffusion, par l'enseignement et par la démonstration pratique,

PROPOSITION DE LOI

AYANT POUR OBJET :

1° La Constitution en un Domaine spécial des biens de l'État, des Départements et des Communes, non affectés à un service public;

2° L'allotissement de jouissance d'une portion de ce Domaine.

EXPOSÉ DES MOTIFS

I

Messieurs,

Il y a quelques années à peine, alors que l'opinion, tout heureuse de l'établissement définitif du régime républicain, semblait ne rien souhaiter au delà, c'est tout au plus si une faible minorité d'esprits judicieux et clairvoyants signalait le désaccord entre la mission incombant à la République et la voie où on l'engageait.

Aujourd'hui, c'est une vérité élémentaire dans le pays que l'ensemble de notre organisation politique et sociale ne cadre nullement avec les besoins du temps présent, ni avec les aspirations de l'avenir. C'est un fait d'observation auquel ont fini par s'élever les couches les plus profondes de la nation, que le régime républicain n'est encore qu'une formule abstraite jetée sur les institutions du passé soigneusement maintenues et restées en pleine vigueur. Il est de notion courante maintenant que la République avait plus à faire que de se substituer purement et simplement à la monarchie, et l'on comprend comment son existence est intimement liée à une législation en concordance avec les principes qui ont amené son avènement.

Aussi, à l'enthousiasme d'intuition et de foi naïve qui saluait au début le triomphe de l'idée républicaine, à la confiance sans limite accordée pendant les premières années à la République de qui on attendait toute réforme sans peine et sans effort, voit-on se succéder dans la nation un sentiment autrement complexe, où il entre plus de raisonnement que d'abandon, plus de science que de crédulité, de la méfiance et parfois du désenchantement, de l'impatience et de l'irritation, en tout cas une connaissance plus exacte de la situation, sinon une vue assez nette de la voie qu'il faudrait suivre.

On se préoccupe avec raison de cet état nouveau des esprits, on s'en inquiète même. Peut-être, Messieurs, pour des partisans du progrès, pour des républicains, n'y a-t-il pas lieu de trop s'en plaindre. Il y a là, semble-t-il, comme un réveil de la conscience nationale, comme une reprise de l'action personnelle et directe du peuple, susceptible d'amener d'heureux résultats, si l'on veut bien ne méconnaître ni le sens du mouvement, ni les aspirations qui le déterminent.

Trois fois, en ce siècle, nous avons vu se produire pareille agitation, et si les incidents qui caractérisent l'heure actuelle nous apparaissent avec des allures différentes du passé, c'est que la situation est elle-même un peu différente, sans que les causes aient pour cela varié.

En 1830, en 1848 et en 1870, en effet, la déception populaire n'avait à faire effort que contre le pouvoir existant, de constitution monarchique, et l'unanimité se faisait spontanément, au nom de la République, sur le changement de régime. Cette fois nous sommes en république, et le mécontentement des masses ne pouvant s'en prendre à des institutions librement consenties et en dehors desquelles on reconnaît qu'il n'est pour ainsi dire plus de salut pour le pays, se retourne côntre les hommes. De là ces divisions dans le parti républicain, ce désarroi dans les esprits, cet émiettement des passions et cette diversité dans les idées, ces haines et ces acclamations populaires injustifiées, ces revirements dans les élections, ces poussées en sens contraire de notre esprit national, qui nous rendent incompréhensibles à l'étranger et nous déroutent parfois nous-mêmes. Mais, incontestablement, le mouvement actuel est identique aux mouvements qui ont précédé les trois révolutions de ce siècle; il est moins grandiose et moins généreux peut-être dans ses allures; il est moins dangereux en tout cas pour nos institutions, parce que s'attaquant aux personnalités, il laisse les principes en dehors des querelles de parti. C'est la première fois, depuis un siècle, que le système de gouvernement n'est pas discuté; il ne pouvait en être ainsi qu'avec la république.

Il serait imprudent toutefois de nier l'existence du mouvement naissant, ou d'en atténuer la portée. Les causes qui le suscitent sont trop réelles et se lient trop intimement aux conditions mêmes de la vie des citoyens, pour qu'on hésite à le prendre en sérieuse et immédiate considération. A donner à l'opinion les satisfactions qu'elle réclame, il y aurait au contraire, pour la République, l'avantage d'une consécration et d'une consolidation que rien dans l'avenir ne saurait plus jamais atteindre ni affaiblir.

Il faut admettre, en effet, que l'heure est venue pour notre démocratie d'aborder l'étude des questions sociales et d'en poursuivre la prompte solution. En nous plaçant sur ce terrain, outre que nous demanderons à l'évolution normale des sociétés des réformes qu'une révolution violente ne manquerait pas de nous imposer, nous ferons faire de suite à la cause républicaine les véritables progrès que nos discussions politiques, parfois plus abstraites que d'intérêt immédiat, ne nous permettent pas toujours de réaliser. En mettant un terme aux abus, en ramenant les privilèges à l'équité, en accordant au travail la juste rémunération de ses efforts, et en assurant à tous, par la pleine et indépendante possession de moyens de travail, la sécurité et la dignité de l'existence, nous ferons taire aussitôt les récriminations et réduirons à l'impuissance les ennemis de la république, q souhaitent peut-être moins, avec le rétablissement de la monarchie, le retour d'un roi nécessaire au bonheur du peuple, que le maintien des inégalités de castes et la perpétuité des privilèges. Dans la situation actuelle du pays, le meilleur combat à mener contre les entreprises de la dictature et de la royauté, c'est encore de servir efficacement la cause du progrès ; lorsque triomphent, avec leurs conséquences, les principes de libération sociale, les personnalités disparaissent ou n'ont plus qu'une importance secondaire.

II

Messieurs,

En rendant aux citoyens leur droit absolu de parler, d'écrire, de se réunir et de s'associer, afin de participer aux affaires du pays, en obligeant tout le monde à l'instruction et en mettant cette instruction à la portée de tous, la République actuelle a donné une sanction définitive aux principales conquêtes de 1789. Mais la grande Révolution ne s'était occupée que de la question politique, elle avait laissé intacte la question sociale. En se maintenant jusqu'à présent dans les traditions de 89, la troisième République ne s'est pas davantage écartée du terrain politique, elle n'a pas touché à la question sociale.

Depuis 1789, pourtant, cette question est ouverte en France, non pas sous la forme théorique d'un progrès naturel auquel doivent se plier lentement et fatalement les institutions humaines, mais avec le caractère le plus concret et le plus tangible que puissent prendre les besoins les plus impérieux et immédiats de l'existence. La question sociale, en effet, s'est compliquée en ce siècle de tout ce que peut produire de difficultés et de périls une évolution économique entièrement basée sur l'enrichissement et la spéculation à outrance. C'est une vérité démontrée aujourd'hui que l'extension extraordinaire de l'industrie a absorbé peu à peu les meilleures forces du pays au seul profit d'une caste nouvelle, reconstituée avec presque tous les privilèges du passé, et fait revivre à notre époque le servage antique sous la forme du prolétariat ; si bien que, à cette heure, vingt-cinq millions de citoyens, dont le labeur intelligent constitue la richesse et la grandeur de la patrie, ne possèdent absolument pour vivre que le salaire dispensé à leurs efforts par quelques millions d'habitants, détenteurs ceux-là des principales sources du travail, et maîtres, par conséquent, des conditions d'existence de la majorité de leurs concitoyens.

Maintenant, si la question sociale n'a point encore fait peser sur le pays ses plus violentes et dernières conséquences, — bien qu'elle ait déjà enfanté trois révolutions en ce siècle, — c'est qu'un phénomène de cet ordre ne frappe pas en un jour l'universalité des citoyens. Il faut des années pour que le mal se propage, pénètre des uns aux autres, pour que s'opèrent l'accumulation des richesses et le déclassement des populations.

pour que les faux principes qui ont donné l'impulsion au mouvement deviennent tangibles, par leurs résultats, aux couches les plus profondes de la nation. Dans une société, tant d'intérêts et de préjugés maintiennent les abus et s'opposent au progrès, que les institutions défectueuses ne disparaissent qu'après avoir produit l'excès de mal dont elles sont capables.

Messieurs, il serait évidemment digne d'un peuple libre de remédier aux abus dès qu'ils paraissent, et de ne pas souffrir que des citoyens soient victimes de leur dépendance envers leurs semblables. En attendant que s'établissent ces mœurs idéales, nous avons à nous demander si le mal n'est point parvenu à cette heure à sa plus haute gravité, s'il n'a point frappé jusqu'à la plus humble chaumière. Les événements de tous les jours répondent suffisamment. Une crise générale, intense, met en souffrance le pays, affectant les intérêts matériels et moraux, épuisant jusqu'à la vitalité de notre race puisque la population va en diminuant, et que toutes les mesures sollicitées jusqu'ici des pouvoirs publics et largement concédées par eux n'ont pu réussir à conjurer, pas même à atténuer.

Le système de gouvernement n'étant pas en jeu, — le peuple possédant les institutions de son choix, — les quelques réformes politiques qui restent à accomplir n'étant pas susceptibles par leur nature et leur portée de modifier même l'état économique, il est logique et parfaitement légitime d'attribuer le mal qui nous accable à une mauvaise organisation de notre société.

Les républicains feraient donc œuvre de haute et prudente sagesse, en rapport avec les principes qu'ils représentent, en unissant et en concentrant leurs efforts sur la question sociale.

III

Il est toujours difficile, il est vrai, d'aborder le problème social et d'en proposer une solution, tant à cette pensée les intérêts s'inquiètent, les passions s'excitent, et s'éveille l'idée d'utopie. Peut-être est-ce faute de tactique, soit que l'on exagère la portée de la question, ou qu'on la présente mal, soit que l'on veuille la résoudre d'un coup, dans son ensemble, avec ses complications, et par des moyens violents ou chimériques. Il est à présumer que l'on rencontrerait moins de défaveur, et que l'on se concilierait davantage les bonnes volontés, si l'on ramenait le problème à ses éléments les plus simples, d'ordre pratique et de réalisation aisée.

Un principe est certain d'abord, c'est que pour aboutir, toute réforme doit obéir aux lois de l'évolution normale de la société à laquelle on veut en faire l'application; que, pour être acceptée, toute réforme doit éviter de heurter dans le peuple les sentiments les plus intimes et les plus vivaces du cœur et de la raison. Il est certain encore, à moins de demander la solution à un bouleversement violent, que toute institution nouvelle doit se substituer lentement et progressivement à l'institution jugée défectueuse, sans interrompre le cours de la vie nationale, le mouvement du travail, et l'expansion des intérêts.

Or, jusqu'à présent, si les systèmes de transformation proposés au pays n'ont point réussi à rallier une majorité d'adhérents, c'est, il faut en convenir, que leur caractère était trop absolu, en trop manifeste contradiction avec les idées admises dans les masses, et qu'ils semblaient s'appliquer bien moins à satisfaire aux exigences du moment qu'à répondre à l'idéal de l'avenir.

Qu'on le veuille ou non, deux principes dominent encore notre société, et en règlent tous les rapports, gouvernent les individus et façonnent leurs mœurs : la propriété individuelle et la famille, c'est-à-dire la jouissance directe des fruits du travail et la transmission aux descendants des résultats acquis, le groupement au foyer de gens unis par les liens du sang, et non par un vague sentimentalisme d'intérêts coalisés.

On reproche à ce système de favoriser l'individu au détriment de ses semblables, de pousser à l'égoïsme, à l'exagération des appétits, à l'accaparement, au dépens de l'existence même des plus faibles, des moins habiles, ou des moins heureux. C'est là un inconvénient auquel il est très facile de remédier, la déviation d'un principe qu'il n'est pas impossible de redresser, un vice de la nature humaine à contraindre, — la présente loi s'en préoccupe et y met obstacle, — mais qui n'empêchent pas nos populations, rien du moins ne permet de préjuger du contraire, de tenir encore ardemment à des principes, que des sentiments, bien naturels après tout, et les traditions ont enracinés au plus profond de leur cœur et de leur esprit.

Il est donc permis de conclure que toute réforme sociale échouera présentement qui ne ménagera pas ces principes et leur sera hostile ou qui ne pourra pas s'instituer sans brusquerie ni violence, sans mettre en désordre ou en péril la vie normale de tous les jours.

IV

Ramenée à ses éléments premiers, simplifiée autant que possible, la question sociale peut se définir : la difficulté qu'éprouvent les travailleurs, assujettis au salariat, de subvenir d'une manière convenable, par le gain de leur travail, à leur existence matérielle et morale, et de se préserver de la misère ou des difficultés extrêmes aux époques de chômage et de maladie, lorsque viennent les incapacités physiques ou la vieillesse.

Or, s'il est un droit primordial, antérieur et supérieur même à toute constitution de société, c'est bien le droit que possède de par la nature l'être organisé, de vivre et, pour vivre, de manger. La société, en développant l'intelligence de l'individu, vient compliquer ce droit de droits accessoires qu'il est aussi impossible de contester qu'il y aurait énormité à contester le droit à la vie. D'autre part, la société ne pouvant exister sans

lo concours de tous ses membres, ayant besoin pour s'agréger et se soute-
nir, que chacun apporte à une masse commune le travail dont il est capable, l'énergie dont il est doué, la valeur intellectuelle et morale qu'il peut
développer, n'a de raison d'être d'abord, et n'est susceptible de fortune,
de grandeur, et de progrès ensuite, qu'autant qu'elle équilibre entre tous les
participants les charges, les possibilités d'existence, et les jouissances, s'il
en est.

Ces notions, que la sociologie a mis des siècles à dégager, sont de-
venues, de nos jours, des axiomes pour l'opinion, et constituent, peut-on
dire, un droit tout nouveau, moderne, dont les masses ont conscience et
qu'elles semblent décidées à faire prévaloir.

Mais comment substituer ce droit nouveau au droit ancien, et en
assurer l'application, dans les conditions de paix où nous nous plaçons?
D'une manière très simple, Messieurs, en nous conformant tout d'abord
aux lois premières de l'existence.

Dans sa généralité, la participation des citoyens à l'action commune
se décompose en deux genres d'opérations, de but et de portée nettement
distincts : l'agriculture et l'industrie, —l'agriculture qui fournit à l'homme
les éléments indispensables à sa subsistance, et l'industrie qui transforme à
l'usage de l'homme des matières sans emploi à leur état premier.

Mais l'industrie en serait encore réduite aux procédés rudimentaires
des temps antiques et ne saurait encore franchir les limites d'une production restreinte aux besoins essentiels, que la vie de l'être humain ne serait
pas en péril ; tandis que l'insuffisance du travail agricole, amenant la pé-
nurie des subsistances, a pour répercussion immédiate la gêne et la misère.
D'autre part, l'agriculture a ce grand avantage de transformer directement le travail en aliments de première nécessité, alors que l'industrie ne
délivre au travailleur qu'un salaire en argent, salaire qu'il lui faut ensuite
échanger en grande partie contre des produits de la terre.

S'il est vrai que la question sociale n'a d'autre cause que les difficultés
de la vie, et que la plus considérable de ces difficultés est l'incertitude et
l'insuffisance des moyens d'existence, c'est donc à l'agriculture, au travail
de la terre, aux productions du sol qu'il faut demander tout d'abord d'atténuer la gêne et de réduire la misère.

En l'état actuel de notre société, dans la forme actuelle de notre civi-
sation, il semble, du reste, très difficile de procéder à une réforme, si mi-
nime qu'elle puisse être, de notre organisation sociale, par un tout autre
mode qu'une modification au régime du travail de la terre.

A moins d'une révolution submergeant tout sous ses résolutions violentes, le régime industriel du pays ne peut, en ce moment, être atteint ni
transformé pacifiquement par la Loi. Au delà de quelques mesures adou-
cissantes, mais bien restreintes, telles que des mesures d'hygiène et de
protection, création de caisses de secours, de chômage et de retraite, réduc-
tion des heures de travail au taux normal des forces humaines, groupe-

ment en syndicats des intérêts communs, le législateur ne saurait intervenir pour régler les rapports entre patrons et travailleurs, ni pour remanier la possession et l'emploi de l'outillage au gré des aspirations et des besoins des masses. Le travail industriel, en effet, revêt un caractère tout spécial de la division de ses procédés, de sa concentration puissante, de la diversité de ses applications, du maintien des débouchés assurant une constance à la production, de la nature même de ceux qui le mettent en œuvre ; il échappe par sa complexité, à toute réglementation, à toute organisation voulue et fixée par la loi ; si bien que, malgré les moyens de transformation radicale préconisés par des esprits généreux et hardis, les intéressés eux-mêmes ne saisissent pas encore comment pourrait s'effectuer cette transformation, ni quels résultats ils en retireraient. La question industrielle, si aiguë qu'elle se présente, ne semble donc pas susceptible, à cette heure, de solution immédiate et pratique par voie législative.

En outre, tout le monde est d'accord pour attribuer la grosse crise économique dont souffre notre pays, et le monde entier, peut-on dire, à une surproduction amenée par l'exagération du nombre des usines, et par la concurrence internationale se disputant les moindres débouchés ; d'où il suit que l'industrie, chez les nations civilisées, est arrivée à son apogée, ou plutôt à son maximum de puissance ; et, en effet, l'Europe aura beau conquérir de nouvelles contrées, étendre son action sur des peuples nouveaux, les concurrents se presseront désormais trop nombreux pour qu'un pays seul puisse en espérer une extension considérable de son industrie. Cependant tous les efforts des nations civilisées sont tournés vers l'industrie.

En France, depuis 1831, la population de nos campagnes a diminué de plus de six millions d'habitants au seul profit des villes, des centres industriels ; et le mouvement d'émigration ne se ralentit pas, les villes restant encore pour les travailleurs des champs une sorte d'Eldorado où la misère est inconnue, où l'existence est parfaite, où les richesses s'acquièrent ; et, depuis quelque temps déjà, l'industrie ne sait comment pourvoir aux exigences de cette invasion constante, ne peut plus accepter les offres de travail de ces masses besogneuses.

Les populations rurales ont tort, dit-on, de quitter la terre ; elles prennent en dégoût le travail aux champs et lui préfèrent le séjour à la ville. C'est un mal moral qu'il faut combattre moralement, mais contre lequel, sous un régime de liberté surtout, on est impuissant. Non, Messieurs. Les ouvriers de la campagne renoncent à l'agriculture parce que la terre ne leur appartient pas, parce qu'ils ne bénéficient en rien de leurs efforts, parce que leur labeur, un opiniâtre et dur labeur, ne les préserve pas de la misère.

Sur 8 millions de chefs de famille que compte la population rurale et qui vivent aux champs du travail de la terre, 3 millions 800 mille ne possèdent pas un pouce du sol ; 3 millions 400 mille possèdent et cultivent des terres de moins de 5 hectares ; seuls 240 mille propriétaires cultivent des domaines variant entre 5 hectares et 100, 200 hectares et plus.

Quant à la possession du sol, cent ans après la Révolution de 89, elle est ainsi constituée que 5 millions d'habitants détiennent 2 millions 500 mille hectares composant des propriétés de moins d'un hectare ; 2 millions d'habitants détiennent 8 millions 500 mille hectares, pour des domaines de 1 à 5 hectares ; 1 million d'habitants possèdent 25 millions d'hectares, pour des domaines de 5 à 50 hectares, et 73 mille propriétaires possèdent 12 millions d'hectares, composant les grands domaines au-dessus de 50 hectares.

C'est peut-être là, Messieurs, dans ce détestable régime de la propriété du sol, bien plus que dans la crise industrielle, que réside le mal qui nous accable et met actuellement notre société en désarroi ; comme c'est à ce régime que nous devons le chômage d'une moitié de notre territoire, et l'insuffisance des rendements, par suite, l'obligation de recourir à l'étranger pour avoir du pain et de la viande, ce qui n'est pas pour atténuer la cherté de la vie.

Quoi qu'il en soit de cet ordre d'idées, deux grands faits sont certains : l'incapacité du législateur à réformer actuellement notre régime industriel, et un arrêt sensible de la production dû à des circonstances qui ne sont pas près de disparaître, avec cette complication que nos villes regorgent déjà d'ouvriers plus ou moins sans ouvrage et qu'à leurs portes se pressent encore des masses de travailleurs dépourvus de tout.

La situation présente ramenée à ces termes nous laisse voir nettement la sorte des inconvénients, ou, plus exactement, la nature du danger auquel notre société est exposée. Quand 20 millions de salariés se heurtent journellement aux difficultés les plus cruelles de la vie matérielle, ne sont pas assurés du lendemain, et n'entrevoient aucune amélioration dans l'avenir, tout est à craindre, parce que tout est possible.

Messieurs, si l'industrie est insuffisante à donner satisfaction aux besoins les plus urgents du pays, c'est vers l'agriculture qu'il faut donc nous retourner ; c'est au travail de la terre qu'il faut demander le remède aux difficultés pressantes du moment. Seul, le retour au travail de la terre permettra de dégager les villes des travailleurs sans ouvrage qui les encombrent, et rendra ainsi toute liberté de mouvement aux ouvriers indispensables à la production industrielle ; seul, il arrêtera l'émigration des campagnes, et refixera au sol les populations aujourd'hui nomades, sans attaches avec leur foyer d'origine, avec le territoire national, qu'elles sont pourtant appelées à défendre et à sauver au prix de leur sang.

L'idée que nous suggérons, Messieurs, présente cet autre grand avantage qu'elle est immédiatement réalisable sans porter la moindre atteinte à la propriété particulière, sans léser aucun des intérêts légitimes actuellement existants. De plus l'application que nous en proposons consacré un principe que le droit social moderne ne peut plus méconnaître, et qui sera fécond en heureuses conséquences pour l'avenir.

Puisque l'homme ne peut vivre sans manger, et qu'il ne peut se nourrir que des produits de la terre ; puisque la première richesse d'une nation est de compter le plus grand nombre possible de citoyens forts, laborieux et productifs, le sol qui porte la nation doit être soustrait au régime des privilèges et des abus qui tendent à limiter la part de chacun et à restreindre le nombre des citoyens. Il ne saurait en être de la terre ainsi que de n'importe quel instrument de travail ou objet d'échange et d'usage. Cette exigence de se nourrir imposée par la nature à tout animal enlève à la possession du sol la plénitude des droits ordinaires de la propriété, elle ne permet pas que quelques-uns abusent, elle n'accorde à tous sans distinction que la faculté d'user dans une égale proportion. Le principe peut paraître absolu, subversif, dangereux, on ne saurait en contester la rigoureuse justesse sans nier à ses semblables le droit à la vie.

Hâtons-nous de dire que ce principe n'est pas ici posé en vue d'une inflexible et brutale application. Il est seulement impossible de rien changer au mode actuel de jouissance de la terre sans en tenir compte. Il est surtout impossible, — et c'est à cela que nous en voulons venir — de réorganiser la propriété collective de l'Etat et des communes sans lui subordonner cette réorganisation.

V

Il nous a semblé, en effet, messieurs, puisque l'Etat, les départements et les communes possédaient des biens considérables, en terres notamment, qu'il y aurait un sérieux avantage à employer ces biens à l'amélioration immédiate des conditions d'existence d'un grand nombre de familles, et à réorganiser cette fortune, déjà érigée en propriété collective, de manière à en faire l'origine d'une plus vaste réforme, réforme qui s'accomplirait par la suite des temps, lentement et pacifiquement.

De l'immense fortune, mobilière et immobilière, que possède la nation, il faut mettre à part naturellement les biens affectés aux services publics de toutes sortes, et qu'il n'y a pas à détourner de leur destination. Mais, indépendamment de cette première masse, l'Etat, et les communes surtout, régissent toute une catégorie de biens dont l'existence n'importe pas absolument à la vie publique, qui sont biens de rapport, et soumis à une exploitation commerciale au profit des différents budgets de nos administrations.

Cette catégorie de biens non affectés à un service public se décompose ainsi :

A l'Etat :   Bois et forêts, 967 mille hectares ;

                Terrains, îlots, étangs, etc., 8 mille hectares environ.

Aux Communes :   Terres labourables : 290 mille hectares ;
                   Bois et forêts : 2 millions 58 mille hectares ;
                   Terres non cultivées : 2 millions 500 mille hectares ;
                   Propriétés industrielles et bâties : 2 mille hectares.
Aux Départements :   1 millier d'hectares de terres labourables.

Les communes possèdent en outre des valeurs mobilières dont nous ne connaissons ni le détail ni le montant total exact.

Les bois et forêts de l'État et des communes produisent les revenus annuels suivants :

     État (Budget de 1888)........................ 28 millions
     Communes (En 1877)........................ 33 millions,

plus une somme de 3 millions à laquelle est évalué le pâturage du bétail dans les forêts communales.

La régie des bois et forêts coûte annuellement :

     A l'État (Budget de 1888)......   18 millions
     Aux Communes (Budget de 1877)   3 millions 600 mille francs.

Les revenus du domaine autre que les forêts sont portés au budget de l'État de 1888 pour 2 millions 400 mille francs.

Les communes (Paris excepté) perçoivent en rentes, loyers et fermages, en moyenne 20 millions par an, mais elles paient, pour contributions et taxe de main-morte, 8 millions, sans compter une certaine somme pour frais de gestion.

En résumé, les revenus des biens meubles et immeubles de l'État et des communes peuvent être fixés, — autant que le permettent les documents connus, — à 83 millions, et les frais de régie à 26 millions. Bénéfices nets : 50 à 55 millions.

Cette cinquantaine de millions que fournit le domaine de l'État et des communes entre régulièrement dans les budgets annuels, mais avec des conséquences bien différentes. Les millions que l'État perçoit servent aux dépenses d'utilité générale et peuvent être considérés comme remplaçant une somme égale d'impôts. Les revenus des communes ne produisent pas le même résultat.

La majeure partie des biens communaux consiste en forêts et en pâturages, situés dans nos départements de l'Est, du Sud-Ouest, du Sud et du Centre, et ce sont les forêts, avec leur vente de bois, leur location de chasse et de pâture qui donnent la plus grosse somme de revenus. Les communes propriétaires de ces biens sont, pour la plupart, de petites agglomérations rurales, de quelques centaines d'habitants, et n'ayant en général que fort peu de besoins. Il en résulte ou un emploi souvent peu utile des recettes, ou une accumulation de ces recettes sous forme de rentes sur l'État, sans profit réel pour les habitants. Il suffit de jeter un coup d'œil sur la *Situation financière des Communes* publiée chaque année par le Ministère de l'Intérieur, pour constater le fait et en apprécier le caractère. Des communes de 300 à 1500 âmes possèdent facilement des revenus de 10 mille, 15 mille, 30 mille et 50 mille francs; et, sans même recourir à une enquête sur place, toujours intéressante cependant, il est permis de conclure à priori à une bizarre répartition d'une fortune publique. Ces communes, en effet, ne se dispensent pas de recourir aux centimes additionnels, ne prennent pas à leur charge les impôts de leurs habitants, subissent comme les plus pauvres villages le mal de l'émigration, et ont leur contingent de malheureux qu'elles assistent avec les ressources, souvent considérables, de leurs bureaux de bienfaisance (1).

Quant à l'utilité que les habitants retirent des forêts et des pâtures communales, elle est des plus restreintes, et ne s'inspire pas toujours des règles les plus simples de l'équité. Trop de critiques ont été adressées depuis cent ans, par les écrivains les plus autorisés, au mode de jouissance des biens communaux, et ces critiques ont été portées assez souvent à la tribune du Parlement pour qu'il soit nécessaire ici d'y insister longuement. Les reproches faits au régime actuel peuvent se résumer en quelques lignes.

Les communaux ne recevant jamais la moindre culture sont épuisés, et ne rendent pour ainsi dire rien, en proportion de leur immense étendue. La jouissance, réglée par les Conseils municipaux, ne l'est pas toujours au profit des humbles et des malheureux. Il faut avoir du bétail, du reste, pour l'envoyer au pâturage, et en regard de la vache légendaire du pauvre ou de la veuve, les gros propriétaires ou fermiers disposent d'énormes troupeaux. Les Conseils municipaux refusent souvent de limiter le nombre des bêtes à la pâture, ou admettent seulement autant de têtes que l'on paie de fois une certaine quotité d'impôts, un ou deux francs, ce qui n'est pas à l'avantage des petits. Le parcours, dans les pays de montagne, en causant la dévastation des forêts et la dégradation des terres, facilite les inondations des bas pays. Enfin, chose plus grave, les communaux ont été souvent l'objet d'usurpation sans restitutions, et à diverses reprises, en ce siècle, le gouvernement a été sollicité d'intervenir pour mettre un terme aux abus.

Les habitants ont bien les droits d'affouage et de maronnage, le droit au bois de chauffage et de construction; mais le bois de construction n'est délivré qu'aux propriétaires d'immeubles, dans une certaine mesure, et contre remboursement; et parfois, pour payer leurs frais de garde et de contribution, les communes sont obligées de frapper l'affouage d'une taxe, ou de vendre le bois de la consommation.

---

(1) Quelques exemples : Bréhémont (Indre-et-Loire), 1625 habitants : 85.000 francs de revenus; 3136 francs de rente au bureau de bienfaisance. — Rivarenne (Id.), 829 hab. : 26.347 fr. — Le Périer (Isère), 613 hab. : 10.036 fr. — Méandre (Id.), 1010 hab. : 21.923 fr. — Poligny (Jura), 87.803 fr. — Rouvres-sur-Aube (Haute-Marne), 382 hab. : 80.083 fr. — Montier-en-Der (Id.), 1401 hab. : 31.205 fr. 7111 fr. de rente au bureau de bienfaisance.

L'immense fortune que les communes possèdent est donc bien loin de rendre aux citoyens les services qu'ils sont en droit d'en attendre. Les biens dits communaux, que la légende appelle les biens du pauvre, profitent, en réalité, à des minorités, sans venir grandement en aide aux travailleurs. Les revenus en argent sont mal employés ou s'immobilisent sous forme de titres de rente. Ce sont là des erreurs qu'il importe de redresser, ne serait-ce que pour se conformer aux règles d'une gestion intelligente et soucieuse des intérêts de tous.

VI

Mais il est un tout autre parti à tirer de cette fortune, un emploi plus judicieux et vraiment démocratique à lui réserver.

Nous nous trouvons en présence d'une propriété commune, nationale, collective, appartenant non pas à une seule personnalité, mais à l'universalité des citoyens du pays, et non seulement aux citoyens vivants à ce moment, mais aussi à ceux à venir après nous. L'occasion est admirable, la circonstance des plus favorables pour accomplir une œuvre de haute utilité pour le temps présent, et des plus fécondes pour l'avenir.

Modifions seulement, Messieurs, le mode de jouissance de cette propriété; au lieu de l'abandonner à une gestion administrative, impersonnelle, très peu intéressée à la faire fructifier, remettons-la en exploitation directe aux citoyens eux-mêmes, en proportion de leurs besoins et de leurs facultés, à de certaines conditions, et nous résoudrons une bonne part du problème social actuel, en même temps que nous ouvrirons la voie toute grande aux réformes sages et pacifiques.

Rien ne vaut, en effet, le travail individuel, les efforts personnels, lorsque les résultats produits sont acquis au travail, récompensent les efforts. Ces terres communales, dont les masses ne se soucient que pour les exploiter jusqu'à l'usure extrême, parce que l'individu seul n'a rien à en espérer, confions-les, au contraire, par portions, à des familles séparées, et nous mettrons la vie où s'étendent des déserts, le sol produira où il demeure stérile, l'aisance chassera la misère.

Il ne s'agit pas de donner définitivement cette terre et de l'abandonner à la spéculation ou à la cupidité; il suffit d'en concéder simplement la jouissance, la faculté d'en tirer parti. Une propriété de cette sorte ne peut qu'être imprescriptible et inaliénable, et ce serait un dol que d'en dépouiller le pays en faveur d'intérêts d'un jour. En pareille matière, il n'est qu'un principe : la nue-propriété à la nation, la jouissance aux habitants; chaque génération n'ayant, en quelque sorte, qu'un droit d'usufruit sur une propriété collective, ne peut en disposer que dans la forme de l'usufruit.

C'est pour avoir méconnu cette vérité qu'aucune des nombreuses tentatives faites en ce siècle pour mettre les communaux en valeur n'a abouti. Plusieurs fois le Parlement a été saisi de projets d'amodiation, ou de vente, ou de partage; deux grandes enquêtes ont eu lieu, en 1856 et en 1863, auprès des Conseils généraux, pour avoir leur avis sur le meilleur mode de transformation des biens communaux; une loi d'amélioration a même été votée en 1860. Les résultats ont toujours été négatifs, toutes les propositions se heurtant au même obstacle : les biens communaux sont propriété collective et appartiennent aux générations futures non moins qu'à celle du présent; afféimer les biens communaux, c'est priver la masse au profit de fermiers ou de propriétaires aisés; les partager en propriétés incommutables, c'est dépouiller à jamais la nation en faveur d'un petit nombre de ses habitants pris au hasard. Malgré de louables efforts, écrivains et législateurs se sont vu, à chaque tentative nouvelle, enfermer dans ce dilemme, et n'ont rien pu obtenir. Il en sera encore ainsi, certainement, tant que l'on ne sortira pas des projets de vente, d'amodiation ou de partage.

L'unique et le meilleur moyen de transformer les biens communaux, nous est fourni par des édits du siècle dernier, édits toujours en vigueur dans plusieurs de nos départements, et qui ont produit des résultats tels que leur abrogation est pour ainsi dire impossible désormais.

Afin de mettre un terme aux difficultés suscitées par le droit de *triage* entre les seigneurs et les communautés d'habitants, autant que pour amener le dessèchement de marais et la mise en valeur de terres incultes, les gouvernements de Louis XV et de Louis XVI décidèrent de régler définitivement la question des communaux. A cet effet, plusieurs édits, pris en conseil du roi et enregistrés par les Parlements, parurent successivement, en 1769 pour les Trois Evêchés, en 1774 pour la province de Bourgogne, comté du Mâconnais, Auxerrois et Bar-sur-Seine, et des pays de Gex et de Bugey, en 1777 pour les trois châtellenies de Douai, Lille et Orchies, et en 1779 pour l'Artois. Les principales dispositions de ces édits, qui se répètent à peu près tous, se résument ainsi :

Nue-propriété du sol à la commune. — Partage en autant de lots qu'il y a de feux ou ménages. — Obligation de mettre le lot en valeur et de l'entretenir. — Jouissance viagère, avec transmission à l'aîné, suivant certains édits, ou retour à la commune au décès du détenteur et transmission au plus ancien ménage, suivant d'autres édits; en tout cas, retour à la commune et transmission au plus ancien ménage, lors de décès sans héritier direct. Parfois même, obligation pour le nouveau portionnaire de tenir compte, aux héritiers de l'ancien, des améliorations introduites par ce dernier sur le lot.

Il nous semble, Messieurs, que ce sont là des mesures du caractère démocratique le plus accentué. On ne saurait mieux concevoir le rôle et la nature d'une propriété collective, ni consacrer un grand principe par une plus sage et une plus judicieuse application. Tout le droit moderne est contenu dans ces heureuses dispositions, et, à moins de tomber dans un communisme utopique, on ne voit guère de meilleure solution, pour le présent et pour l'avenir, à une organisation nouvelle de la possession et du travail de la terre.

Dans les départements qui maintiennent ces édits en vigueur, sous le contrôle des Tribunaux et des Conseils de Préfecture, dans le Nord et le Pas-de-Calais notamment, où s'étendaient, il y a un siècle, des marais malsains et des landes incultes, on trouve aujourd'hui des champs en parfait état, soumis par les petits ménagers qui les exploitent à une culture intensive, que le reste du pays devrait prendre pour modèle. Les populations sont extrêmement attachées à ce régime de l'apportionnement, et se gardent bien de quitter leur village afin de n'y pas perdre leurs droits à un lot ; la faible contenance des portions (40 ares en moyenne) ne permet pas, il est vrai, à une famille d'en vivre exclusivement, mais la plus grosse part de la vie matérielle est au moins assurée, ce qui n'est pas un résultat à dédaigner.

Aussi l'extension de ce régime des « portions ménagères » à tous nos départements, nous a-t-elle paru une excellente solution à nos difficultés actuelles, en parfait rapport avec les tendances de notre démocratie, et avons-nous fait de ce principe la base de notre proposition de loi.

VII

On pourrait à la rigueur permettre aux communes d'appliquer directement à leurs biens le régime de l'apportionnement, ou de l'allotissement, tel que le pratiquent déjà grand nombre de villages. Mais la mesure ainsi restreinte à des intérêts isolés, distincts les uns des autres, n'aurait ni la portée, ni les conséquences que comporte l'intégralité du principe soulevé. Puis il n'y a pas que les biens communaux en question ; l'Etat possède également une propriété considérable, dont il est nécessaire de tirer parti ; le domaine de l'Etat et celui des communes sont susceptibles de s'accroître par des acquisitions, des dons et des legs ; il est indispensable enfin de prévoir une augmentation régulière et progressive de ces domaines par des mesures législatives.

Pour toutes ces raisons, il nous a paru indispensable de fusionner les biens de l'Etat, des départements et des communes, en un domaine national spécial, ayant une affectation nettement définie, et soumis à un mode d'exploitation tout particulier.

Ainsi que vous pourrez le voir en détail au titre premier, le changement apporté au régime actuel, tout considérable qu'il soit, ne moleste aucun intérêt légitime ; il troublera peut-être certaines habitudes injustement contractées, et déconcertera la routine, mais il ne bouleverse rien de ce qui existe, ne prive même pas de leurs attributions les administrations intéressées.

Ainsi l'Etat, les départements et les communes conserveraient la gestion de leurs biens actuels respectifs. Les communes, en outre, seraient chargées, sous la haute direction du Ministère de l'agriculture, de l'exécution de la loi.

Les terres disponibles et susceptibles de culture seraient allotties et concédées à des familles d'habitants, à titre de jouissance viagère, et sous condition de mise en valeur. La transmission de cette jouissance se ferait régulièrement en ligne directe et descendante; il n'y aurait retour à la commune que dans le cas d'abandon, de décès sans héritiers, ou de cumul de deux lots par suite de mariage ou de double héritage. Chacun pourrait de cette manière consacrer tous ses efforts à l'exploitation de son lot, avec la certitude de jouir en toute sécurité des fruits de son travail, et d'en faire profiter ses enfants.

Les revenus en argent de ce nouveau domaine serviraient à faciliter l'installation sur les lots et la première exploitation.

Nombre de dispositions préviennent les abus qui pourraient se commettre et entourent la mise en application et le fonctionnement de la loi des garanties nécessaires. Il a été tenu compte soigneusement de ce qu'une expérience d'un siècle, dans les départements où les édits de 1769 à 1774 sont en vigueur, a montré de défectueux, d'une réalisation difficile, et sujet à contestations ou à litige judiciaire.

Il ne serait rien retiré, disons-nous, à l'action des communes, des conseils municipaux, sur leurs biens; cette action, au contraire, serait, de par la présente loi, plus profonde et plus étendue. Cependant, on objectera que, en fait, les biens communaux étant une propriété particulière, il est impossible d'en reporter la nue-propriété à la nation.

Par le fait, Messieurs, il ne sera rien changé à ce qui existe.

Tout d'abord, les immeubles communaux ne pouvant être déplacés, et la première condition d'aptitude à la jouissance d'un lot étant la résidence fixe dans la commune où les biens sont situés, il n'y a pas, dans notre projet, pour les communes et les habitants intéressés, dépossession réelle. Le mode de jouissance, d'usage, est seul changé. Le transfert de la nue-propriété à la nation, quelque importantes qu'en soient les conséquences pour le pays, ne constitue, au fond, qu'une modification de forme, en quelque sorte abstraite; mais même, avec ce caractère, la mesure est parfaitement légitime.

On ne saurait, en effet, invoquer le principe de la propriété particulière, personnelle à un groupe plutôt qu'à un autre, pour des biens que le hasard d'une situation géographique a attribués à tel ou tel village; comme il est difficile d'admettre qu'un petit nombre d'habitants ait sur une partie du territoire national érigée en propriété collective des droits absolus, au détriment d'autres citoyens, et contrairement aux principes d'égalité qui règlent nos lois et nos mœurs. Dans la pratique, du reste, tout habitant ayant la faculté de fixer sa résidence où bon lui semble, et étant admis à bénéficier, par le fait de sa résidence, des avantages inhérents à chaque commune, cette prétention n'est jamais soulevée. Il est donc assez logique de généraliser ce qui est licite au particulier. Il est à remarquer, en outre, que le droit des habitants sur les communaux n'a eu, à aucune époque, le caractère de la propriété absolue. Sous l'ancienne législation, les communaux étaient, en principe, inaliénables, parce que les communes n'étaient réputées propriétaires qu'à charge de substitution au profit des habitants futurs, qu'à charge de rendre, et, partant, de conserver. Les habitants n'avaient aucun droit de propriété, pas même d'usufruit; ils avaient simplement l'usage, et plutôt à titre de tolérance et de faveur. De nos jours encore, le droit est triplement précaire, quant à sa nature, à son exercice, et à sa durée, puisque les avantages ne sont pas égaux pour tous, que la jouissance peut être diminuée par les impôts, ou supprimée par la vente du fonds.

Il pourrait y avoir quelque raison à l'objection, si les communaux avaient été acquis des deniers des communes, au moyen de contributions levées spécialement sur les habitants de la localité. Mais la propriété communale n'a d'autre origine qu'un hasard de circonstances assez difficiles à fixer le plus souvent, nées des aventures des anciennes conquêtes, et qui ne sauraient prévaloir sur les droits plus réels et indispensables de la nation entière. A la Révolution même, certaines communes ont reçu en partage des biens confisqués, sur le clergé notamment, et l'on n'admet guère pour quels motifs ces communes percevraient seules des revenus, qu'elles immobilisent d'ailleurs au grand dommage d'autres villages sans ressources. A l'égard de certains revenus, tels que rentes, loyers et fermages, provenant de dons ou legs attribués plus particulièrement à la commune, l'objection aurait plus de valeur. Mais un article de la présente loi affecte les revenus en argent de préférence aux communes propriétaires, et ne dispose en faveur des autres communes du département que de l'excédent inutilisé. Cette dernière résolution ne peut avoir rien d'excessif. Lorsqu'une commune aura le nécessaire, il n'y aura pas injustice, en vertu du principe de solidarité, à pourvoir les communes voisines, moins favorablement situées et dont les chances d'héritage auront été moindres dans le passé.

La seule difficulté qu'il y ait à considérer est la distraction aux budgets de l'Etat et des communes des recettes fournies par les biens domaniaux et communaux. Mais nous savons déjà qu'un grand nombre de communes n'utilisent pas la totalité de leurs revenus; en outre, un article de cette loi autorise les communes à frapper la jouissance des lots d'une redevance égale au montant en principal de la contribution foncière; la meilleure et plus productive partie des bois et forêts reste en dehors de l'allotissement et continue à être exploitée régulièrement; les terres communales, qui sont actuellement comprises, de par leur nature, dans la classe la moins imposée, ne tarderont pas, grâce à leur mise en culture, à payer une contribution plus élevée. S'il est difficile de fixer dès maintenant la valeur des modifications budgétaires qui résulteront de l'établissement du nouveau régime, il est permis de croire à bien peu de différence. Il ne sera pas impossible de compenser le déficit, s'il en est, par des économies, ou par quelques centimes additionnels. Trop d'avantages doivent résulter du nouveau régime pour que la crainte d'un léger manquement dans certaines recettes soit un obstacle à une grande et utile réforme.

Encore une fois, du reste, la constitution en un domaine spécial des biens de l'Etat, des départements et des communes, n'affecte guère, à l'égard des intérêts présents, que le caractère d'un principe. La contenance des biens de l'Etat et des communes est déjà trop faible pour les besoins qui se manifesteront immédiatement, et le premier allotissement général prévu par cette proposition de loi ne s'étendra pas beaucoup au delà des habitants actuels des villages où il existe des biens collectifs.

CONCLUSION

Messieurs,

Sans aller jusqu'à l'exagération ou au pessimisme, nous croyons la situation générale du pays assez grave pour qu'on s'en préoccupe sérieusement. Nous savons faire la part des critiques intéressées ou acrimonieuses que subissent, et subiront toujours, les institutions humaines, mais véritablement, à l'heure présente, la nation traverse une crise dont il serait dangereux de méconnaître la nature et la portée.

Si depuis cent ans, malgré les conquêtes de la grande Révolution, certaines difficultés subsistent; si le pays revient encore, malgré l'établissement du régime républicain, aux agitations des époques de monarchie, c'est peut-être que la question n'est pas complètement du ressort de la politique, qu'elle relève plutôt, pour une bonne part, du domaine social. Les conditions d'existence des masses sont, en effet, beaucoup trop précaires et trop subordonnées à un seul mode de travail et de production, pour que la moindre perturbation économique survenant ne répercute aussitôt ses cruelles conséquences jusqu'aux plus modestes et résignés travailleurs.

Il semble donc nécessaire de ramener l'équilibre entre les diverses branches du travail national. La France ne peut être exclusivement un pays d'industrie; l'agriculture doit avoir au moins part égale dans le labeur commun : or, l'immense étendue de terres en friche, et les faibles rendements des parties cultivées, en nous obligeant à demander au dehors un complément bien juste à notre subsistance, témoignent assez que le travail de la terre n'a pas chez nous l'importance que la plus élémentaire préoccupation doit lui assigner.

Messieurs, la mesure que nous proposons aurait précisément pour résultat de détourner de l'industrie des populations qui ne trouveront plus désormais à satisfaire leur activité ni à l'atelier ni à l'usine, tant est abondante l'offre de travail et tant est restreinte la demande, par suite de l'encombrement de la surproduction; et puisqu'il est impossible de toucher par la loi au fond même du régime industriel, cette mesure aurait au moins l'heureuse conséquence, en arrêtant l'émigration à la ville, de laisser aux ouvriers acquis maintenant à l'industrie, un plus libre jeu de leurs facultés, une plus grande indépendance de leur travail.

Le projet d'allotissement de terres que nous vous soumettons fixerait au sol des familles toutes prêtes à le déserter ; il rendrait à la culture des espaces abandonnés et ferait concevoir sous un autre aspect le rôle de la terre dans l'organisme social.

Certes, les ressources dont la nation disposera tout d'abord par elle-même seront insuffisantes à satisfaire aux exigences qui se lèveront de toutes parts. Mais le principe sera posé, et l'éveil donné sur son application ; le régime nouveau s'établira à loisir, et il n'y aura plus qu'à rechercher les moyens de l'étendre et de le compléter, ce qui pourra se faire lentement, pacifiquement, sans brusquerie ni violence, en augmentant, au fur et à mesure des besoins, le domaine national.

PROJET DE LOI

TITRE PREMIER
De la constitution du domaine spécial.

CHAPITRE PREMIER
ORIGINE, COMPOSITION ET CARACTÈRE DU NOUVEAU DOMAINE

ARTICLE PREMIER. — Il est créé un domaine national spécial, susceptible de concession temporaire aux habitants, et qui prend le nom de *Domaine national de jouissance privée*.

ART. 2. — Le Domaine national de jouissance privée comprend les biens, meubles et immeubles, de toutes sortes et de toutes origines, appartenant à l'État, aux départements et aux communes ou sections de commune, non affectés à un service public, et dont les habitants sont capables de retirer individuellement ou en association, dans leur intérêt et dans l'intérêt de tous, des avantages plus considérables que ceux qu'ils pourraient en recevoir d'une gestion administrative publique.

ART. 3. — Les biens composant le domaine de jouissance privée se partagent en deux classes :

Dans la première classe sont rangés :

1° Les terrains non bâtis, cultivés ou incultes, quelles que soient leur nature et leur qualité ; — 2° les bois et forêts ; — 3° les étangs, marais et tourbières.

Dans la seconde classe sont rangés :

1° Les maisons, fermes, usines, manufactures, moulins ; — 2° les mines et carrières ; — 3° les actions, obligations et rentes sur les particuliers et sur les sociétés ; — généralement toutes les valeurs mobilières et les immeubles bâtis emportant locations et revenus.

Art. 4. — Le domaine de jouissance privée appartient en nue-propriété à la nation.

La jouissance en est dévolue aux habitants.

Art. 5. — La nue-propriété et la jouissance sont imprescriptibles, insaisissables, et ne peuvent être aliénées que par une loi.

Toutefois, les biens de la première classe sont et demeurent inaliénables.

CHAPITRE II

AFFECTATION DU DOMAINE DE JOUISSANCE PRIVÉE

Art. 6. — Le domaine de jouissance privée est tout entier organisé, administré et exploité en vue de concéder et de faciliter aux habitants la pleine possession de moyens de travail.

A cet effet, suivant la classe à laquelle ils appartiennent, les biens composant le domaine de jouissance privée reçoivent une affectation distincte.

Art. 7. — Les biens de la première classe sont soumis au régime de l'allotissement de jouissance entre les habitants.

Ils sont dits : *Biens allotissables.*

Art. 8. — Les biens de la seconde classe constituent une fortune spéciale, dont les revenus, et les aliénations possibles, sont employés à faciliter l'allotissement des biens de la première classe et leur extension.

Ils sont dits : *Biens de concours à l'allotissement,* ou, simplement, *Biens de concours.*

Art. 9. — En raison de la nature, ou de la valeur, ou de l'importance particulière de certains d'entre eux, les biens allotissables se distinguent en *Biens à allotir,* et en *Biens à réserver.*

Art. 10. — Sont tout spécialement destinés à l'allotissement :

1° Les terres labourables, vergers, vignes, jardins, prés, herbages, pâtures, landes, terres vaines et vagues, îles et îlots, terrains colmatés et atterris, étangs, marais et tourbières, réunis ou non en corps de domaine, — généralement tous les terrains non bâtis, pouvant être mis en culture, quelles que soient leur nature et leur qualité ;

2° Les bois et forêts susceptibles d'être avantageusement défrichés et mis en culture, soit qu'ils aient peu de valeur, soit que leur emplacement comporte des cultures plus intensives ; tels sont : les tout jeunes bois, les taillis et buissons, les jeunes taillis en conversion de futaie, les bois situés en plaine, à des altitudes inférieures à trois et quatre cents mètres, ou en terrain d'alluvion et quaternaire, — généralement tous ceux dont l'âge, l'altitude et la nature du sol n'imposent pas absolument le maintien.

Art. 11. — Sont exceptés de l'allotissement et mis en réserve :

1° Les hautes futaies et les forêts artistiques et d'agrément ;

2° Les terrains dont la conservation aux mains des administrations publiques est jugée rigoureusement indispensable à la protection des cours d'eau et des rivages de mer, à l'instruction des troupes et à la défense du pays ;

3° Les terrains reconnus impropres à toute culture et qui devront être boisés.

Les bois et forêts ordinaires dont l'allotissement ne serait pas encore décidé font également partie des biens à réserver.

Art. 12. — Les biens allotissables ne peuvent être affermés. Leurs baux en cours ne seront pas renouvelés.

Art. 13. — Les immeubles bâtis de la seconde classe à usage d'industrie, tels que moulins, usines et manufactures, les fermes, les mines et carrières, peuvent également être allotis entre des associations d'habitants, si les circonstances d'agencement, d'aménagement et d'exploitation le permettent.

Art. 14. — Généralement les biens de concours sont affermés et les revenus perçus ; ou bien ils peuvent être aliénés, afin d'en réduire la gestion aux moindres frais et embarras possibles, et surtout afin d'en employer plus fructueusement le prix à l'allotissement.

Art. 15. — Il est fait masse, dans chaque département, des revenus annuels et du montant des aliénations des biens de concours, ainsi que des recettes fournies par l'exploitation des biens en réserve, les bois et forêts notamment, appartenant originairement au département et aux communes ou sections de commune du département.

Art. 16. — Les sommes ainsi produites sont versées à une caisse spéciale, instituée auprès de chaque Préfecture, et dite : Caisse d'allotissement.

Art. 17. — Les revenus et les aliénations des biens de concours, ainsi que les recettes fournies par l'exploitation des biens en réserve, les bois et forêts notamment, appartenant originairement à l'Etat, sont centralisés par le Trésor public et répartis par le Ministère de l'Agriculture entre les Caisses départementales d'allotissement, au prorata de leurs besoins.

Art. 18. — Les sommes provenant des biens appartenant originairement au département, et de la répartition faite par le Ministère de l'Agriculture, sont inscrites par la Caisse d'allotissement au crédit d'un compte commun.

Celles provenant des biens appartenant originairement aux communes ou sections de commune, sont portées au crédit de la commune ou section de commune qui en était propriétaire.

Art. 19. — Les ressources de la Caisse d'allotissement sont ainsi réparties et distribuées :

1° Les fonds du compte commun, entre les communes qui ne disposent d'aucune somme pour faciliter l'allotissement de leurs terres, ou dont les crédits sont par trop insuffisants à couvrir les besoins de l'année ;

2° Les fonds des communes ou sections de commune, d'abord et par préférence aux communes ou sections de commune qui ont un compte ouvert, et en accordant à leurs besoins en proportion des sommes inscrites à leur crédit; ensuite entre les autres communes.

Art. 20. — Les fonds non utilisés dans l'année, sont reportés au compte commun pour servir ultérieurement à toutes les communes du département sans distinction.

Art. 21. — Si les ressources de la Caisse d'allotissement le permettent, il est fait emploi des disponibilités en acquisitions de terres.

Ces acquisitions portent d'abord sur les communes qui n'ont pas encore de terres à allotir, ou qui en ont le moins en proportion du nombre d'habitants à pourvoir.

Art. 22. — Tous les cinq ans, si la demande en est exprimée par la commune intéressée, et, d'office tous les dix ans, il est procédé à une vérification des biens restés en réserve, à l'effet de faire passer dans les biens à allotir et de mettre en allotissement, ceux des biens qu'il ne serait plus nécessaire de réserver.

CHAPITRE III

MODE D'ADMINISTRATION

ART. 23. — L'administration générale du Domaine de jouissance privée est centralisée au Ministère de l'Agriculture, par rapport à l'impulsion à donner à la mise en culture du territoire à allotir.

ART. 24. — Les agents d'exécution de la présente loi sont :

1° Les communes, pour ce qui concerne l'allotissement et ses obligations;

2° Les administrations intéressées pour ce qui concerne les biens à réserver;

3° Les communes et les caisses d'allotissement pour ce qui concerne les biens de concours.

ART. 25. — Les communes sont chargées de mettre en allotissement les terres à allotir, de faire l'attribution des lots aux ayant-droit, d'en garantir et d'en surveiller la jouissance.

ART. 26. — Les communes sont également chargées de régler, s'il y a lieu, la jouissance des pâturages en commun, l'affouage et le maronage, le pâturage, le pacage et le panage des terrains et des bois et forêts non encore allotis et restés en réserve.

ART. 27. — L'exploitation des bois et forêts mis en réserve, est confiée à l'administration des forêts, que les forêts soient originairement à l'Etat ou aux communes, qu'elles soient présentement soumises ou non.

Il en est de même des terrains reconnus impropres à toute culture et qui devront être boisés.

ART. 28. — Il n'est rien changé au mode de jouissance des autres biens en réserve, et dont certaines administrations publiques réclament le non-allotissement provisoire pour les raisons spécifiées au paragraphe 2 de l'art. 11.

ART. 29. — Les communes et la caisse d'allotissement sont chargées, de concert, des locations et des renouvellements des baux des biens de concours susceptibles de fermage; de préparer les projets d'aliénation et d'acquisition, d'en poursuivre le consentement et d'en effectuer la réalisation.

CHAPITRE IV

MODE DE CONSTITUTION

ART. 30. — Les biens, meubles et immeubles, de toutes sortes et de toutes origines, non affectés à un service public, que l'Etat, les départements et les communes ou sections de commune, possèdent présentement, sont réunis et constitués en un domaine national de jouissance privée.

ART. 31. — Les biens meubles et immeubles qui pourraient revenir à l'Etat, aux départements et aux communes ou sections de commune, par acquisitions, dons, legs, impôts, dispositions législatives, ou toutes autres causes, mesures et moyens, et qui ne seraient pas destinés à un service public, reviendront désormais au domaine national de jouissance privée.

Ils seront répartis, par décret, suivant leur nature, dans l'une ou dans l'autre des deux classes spécifiées à l'art. 8, et subiront immédiatement les obligations assignées aux biens du même ordre.

ART. 32. — Les biens de l'Etat, des départements et des communes ou sections de commune, affectés à un service public, qui viendraient à être désaffectés de leur emploi et qui seraient susceptibles d'entrer dans la composition du domaine de jouissance privée, passeront dans ce domaine. Ils se rangeront naturellement dans la classe des biens du même genre et en suivront les obligations.

ART. 33. — Dans les deux mois de la promulgation de la présente loi, il sera procédé, par les soins des administrations intéressées, à l'inventaire des biens de l'Etat, des départements et des communes ou sections de commune, non affectés à un service public et susceptibles de composer le domaine de jouissance privée, et à la répartition de ces biens entre leurs classes respectives.

ART. 34. — Il sera fait mention exacte, dans l'inventaire, de la nature des biens, de leur contenance ou de leur valeur, du montant de leurs revenus, de l'indication s'ils sont libres ou affermés, et des dates d'expiration des baux, s'ils sont grevés de charges et de servitudes, s'ils sont indivis, etc.

ART. 35. — Les résultats de l'inventaire seront concentrés, pour chaque département, à la préfecture, où s'opérera la réunion des biens d'origine différente par la fusion en un seul des classements partiels.

ART. 36. — En même temps, il sera fait distraction et classement à part des terrains non bâtis, déjà réservés par les Ministères de la Guerre et de la Marine, pour l'instruction des troupes et la défense du pays.

ART. 37. — Le classement sera rendu définitif et porté en détail à la connaissance du public par un arrêté préfectoral pris, et notifié aux communes, avant l'expiration du deuxième mois.

En fin de ce classement, seront énumérés, dans un chapitre à part, les biens spécifiés à l'art. 36.

ART. 38. — Si, par fraude ou par négligence, il était fait omission d'une propriété quelconque susceptible d'entrer dans la composition du domaine de jouissance privée, l'omission pourra être signalée au préfet, par tout habitant, sans frais, sur simple déclaration écrite et signée.

Après vérification, le préfet rétablira d'office, au classement définitif, la propriété omise précédemment.

<hr>

TITRE DEUXIÈME

De l'allotissement de jouissance.

CHAPITRE V

CARACTÈRES DE L'ALLOTISSEMENT ET DE LA JOUISSANCE

ART. 39. — L'allotissement de jouissance est la concession temporaire, gratuite et conditionnelle, à des habitants, d'une fraction des biens allotissables.

La fraction est dite : Lot de jouissance.

ART. 40. — Le lot de jouissance est incessible, insaisissable, inaliénable, indivisible.

Les fruits seuls peuvent constituer le gage des créanciers.

ART. 41. — La jouissance des lots est viagère, et, sauf renonciation ou défaillance de l'alloti, doit être possédée jusqu'au moment de la mort civile ou naturelle.

ART. 42. — La jouissance du lot est transmissible héréditairement tel que le lot se comporte, avec ses aménagements et améliorations, mais en ligne directe et descendante seulement.

ART. 43. — Lors du décès de l'alloti, ou en cas de renonciation et de défaillance, s'il n'y a pas lieu à transmission, le lot, tel qu'il se comporte, avec ses aménagements et améliorations, fait retour au domaine de jouissance privée, pour être remis en concession, par la commune, au premier ayant-droit.

ART. 44. — La contenance d'un lot de jouissance ne peut, en aucun cas, être inférieure à trente-trois ares, ni être supérieure à cinq hectares.

Toutefois, par dérogation provisoire, en considération de la faible étendue actuelle des biens allotissables, et tant qu'il ne sera pas pourvu à l'accroissement du domaine de jouissance privée d'une façon régulière, la contenance ne pourra dépasser deux hectares.

ART. 45. — Tout cumul de deux lots par un même alloti, soit dans la commune de résidence, soit dans une autre commune, est formellement interdit.

CHAPITRE VI

DES DROITS ET DES OBLIGATIONS DES ALLOTIS

ART. 46. — La jouissance d'un lot consiste dans le droit, pour l'alloti, d'user en toute liberté et plénitude, sans autres restrictions que celles voulues par les lois et règlements, des fruits de son travail.

ART. 47. — Par contre, obligation lui est faite de retirer de son lot son existence et celle de sa famille, dans la proportion de la contenance qui lui est attribuée, afin de n'être pas à charge à la communauté.

ART. 48. — En conséquence, l'alloti est tenu de mettre personnellement son lot en valeur, de la manière la plus convenable à la nature du lot, dès la première année de l'entrée en jouissance.

S'il laissait passer trois ans sans le mettre en valeur, ou même sans l'entretenir, il en demeurerait privé de plein droit, et son lot ferait retour au domaine de jouissance privée pour être assigné par la commune au premier ayant-droit.

ART. 49. — La location du lot est interdite à tout alloti, capable d'exploiter par lui-même, ou par les siens.

Elle est autorisée pour les allotis présents sous les drapeaux, pour les mineurs, les veuves, les vieillards, les faibles et les infirmes.

ART. 50. — Si l'alloti ne peut exploiter par lui-même, pour cause de vieillesse, faiblesse ou infirmité, il peut faire exploiter par un de ses enfants, même si cet enfant est déjà pourvu pour son propre compte, à charge pour cet enfant de pourvoir aux besoins de ses parents.

Art. 51. — En cas de location ou d'exploitation indirecte permises, il ne peut être retenu plus de trois lots par un même exploitant ; les locations cessent de plein droit et sans indemnité, au retour dans la commune des allotis venant du service militaire, et à la mort des allotis, si le lot fait retour au domaine de jouissance privée, ou si les héritiers sont capables d'exploiter le lot.

Art. 52. — Les impôts sont à la charge des allotis.

Art. 53. — Les communes ont le droit de frapper, à leur profit, la jouissance des lots d'une redevance annuelle égale au montant en principal de la contribution foncière.

Art. 54. — Lorsque les lots se composent, en tout ou en partie, de terres incultes, ou de qualité inférieure, à défricher ou à dessécher, il peut être fait remise aux allotis, pour ces terres, de tous impôts et redevances pendant cinq ans ; tout au moins ces lots, ou parties de lots, restent-ils, pendant cinq ans, dans la classe des terrains la plus faiblement imposée.

Art. 55. — La jouissance des lots étant transmissible héréditairement, ou faisant retour au domaine de jouissance privée s'il n'y a pas transmission, et, d'autre part, les constructions et aménagements sur le fonds pouvant s'effectuer à l'aide des biens de concours, il n'y a pas lieu à indemnité, lors d'un changement de mains, même par suite de renonciation volontaire.

Art. 56. — En cas d'expropriation forcée pour cause d'utilité publique, il est simplement dû à l'alloti un autre lot de même état et de même valeur, sinon les moyens de mettre un nouveau lot en rapport, et une indemnité pour la perte des améliorations acquises.

Art. 57. — Les lois de succession sont ainsi modifiées à l'égard des petits propriétaires imposés à la contribution foncière pour une contenance inférieure à cinq hectares, ayant droit à l'allotissement, ainsi qu'il est expliqué aux art. 65, 66 et 78, et qui seront allotis :

En cas de décès, sans héritiers en ligne directe et descendante, les terres que l'alloti possédait en propriété personnelle avant l'allotissement et qui se sont accrues d'une quantité égale par l'allotissement, font retour au domaine de jouissance privée, pour continuer à former un lot aux mains du premier ayant-droit.

Cette disposition, bien entendu, ne s'applique pas aux autres biens de l'alloti.

Art. 58. — L'alloti a droit, pour mettre en valeur et exploiter son lot :

La première année, à l'outillage nécessaire à l'exploitation, aux graines de semence, et aux engrais s'il est possible.

Au besoin, en cas de mauvaise récolte ou de récolte trop inférieure, la deuxième année et la troisième année au maximum, aux graines de semence.

Art. 59. — Si l'alloti n'est pas possesseur réel d'une maison d'habitation, il a droit au bois de construction, s'il existe sur le territoire communal des forêts en réserve, ou s'il a été défriché des forêts pour l'allotissement, et à la pierre, s'il est possible d'ouvrir en un point quelconque une carrière commune.

Art. 60. — L'alloti s'engage à suivre exactement les conseils et prescriptions de culture intensive et perfectionnée que les agents du Ministère de l'Agriculture ont mission de propager et de faire appliquer.

Il aménagera son fonds de manière à ne rien perdre des eaux d'arrosage ou d'irrigation ni des engrais de toutes sortes, principalement de l'engrais humain.

En pays de montagne, il soutiendra les terres, conduira et recueillera les eaux, afin d'éviter les ravinements et formation de torrents, et de faire rendre à la culture les mêmes services que le boisement.

Art. 61. — En raison des avantages qu'il doit retirer de l'existence des bois et forêts sur le territoire de sa commune, l'alloti est tenu de fournir six journées de travail par an, par lui-même ou par l'un des siens, pour l'entretien et la bonne culture desdits bois et forêts.

Les six journées de travail ne peuvent être exigées en une seule fois, mais doivent être séparées les unes des autres par un intervalle d'au moins quinze jours.

L'alloti peut se libérer du travail en nature, en payant à la Caisse d'allotissement une indemnité de un franc par journée.

Art. 62. — Les aspirants reconnus et inscrits sur la liste d'aspirance doivent, pour les mêmes raisons, trois journées de travail et dans les mêmes conditions que ci-dessus.

Art. 63. — Le défrichement des bois et forêts à allotir est effectué par tous les aspirants, en raison des avantages qui doivent leur en revenir.

Art. 64. — Sont abolis et interdits sur les terres allotles : 1° les jachères; 2° les droits de parcours et de vaine pâture.

Art. 65. — Le droit de chasse appartient à l'alloti, mais ce droit ne peut être par lui ni concédé ni affermé.

CHAPITRE VII

DE L'APTITUDE A LA JOUISSANCE

Art. 66. — Pour être apte à obtenir la jouissance d'un lot, il faut :

1° Être Français; — 2° résider effectivement dans la commune; — 3° y vivre dans un feu particulier, distinct, séparé de tout autre, et garni d'un mobilier quelconque, suffisant pour procurer une existence complète, indépendante, suivant la fortune et les possibilités de chacun; — 4° ne pas être imposé à la contribution foncière pour une propriété de culture supérieure en contenance à cinq hectares.

Art. 67. — Tout chef de feu, de famille, de ménage, qui remplit ces quatre conditions, peut être inscrit sur la liste d'aspirance et alloti ensuite, sans distinction de sexe, d'état, de mariage ou de viduité.

Art. 68. — De même que son mari, la femme acquiert par son mariage, et conserve pendant son mariage, la qualité de chef de feu, de famille, de ménage.

Elle garde, en cas de veuvage, si elle n'est pas allotie, le rang qu'occupait son mari sur la liste d'aspirance.

Art. 69. — La condition de résidence dans un feu distinct n'est pas exigée pour les mineurs qui attendent de leurs ascendants un lot avant leur majorité; — ni pour les personnes que la vieillesse, les infirmités, l'état mental ou la faiblesse mettent dans l'impossibilité de se suffire dans une habitation particulière.

Art. 70. — Les habitants possédant les conditions requises par les art. 66 et 67, sont inscrits, ou réclament leur inscription, à la mairie de leur commune, sur une liste, dite d'aspirance. Ils sont classés, selon leurs situation et qualité, dans l'une des trois catégories suivantes :

1° Dans la première catégorie :

Les chefs de famille non imposés à la contribution foncière de leur commune, ou reconnus comme n'étant pas propriétaires dans une autre commune, en commençant par les plus chargés d'enfants ;

2° Dans la deuxième catégorie :

Les célibataires non imposés à la contribution foncière, en commençant par les plus âgés ;

3° Dans la troisième catégorie :

Les petits propriétaires imposés à la contribution foncière, par ordre croissant de la contenance de leur propriété, jusqu'à concurrence de cinq hectares, en faisant passer, à contenance égale de propriété, les aspirants pourvus de famille avant les célibataires et, parmi les aspirants pourvus de famille, les plus chargés d'enfants avant les autres.

Art. 71. — Du 1er au 10 janvier, chaque année, il est procédé, par les soins du maire assisté de deux conseillers municipaux pris dans l'ordre du tableau, à la confection, pour l'année, de la liste d'aspirance, conformément aux prescriptions de l'art. 70.

Art. 72. — S'il reste, de l'année précédente, des aspirants non pourvus, ceux-ci demeurent inscrits en tête de leur catégorie et en acquièrent tout le bénéfice.

Art. 73. — Du 11 au 31 janvier, la liste est affichée dans la commune, et les réclamations que sa publication peut faire naître sont reçues à la mairie.

Art. 74. — Dans le mois de février, le Conseil municipal examine les réclamations, et dresse la liste définitive, qui doit être rendue publique le 28 du même mois au plus tard.

Art. 75. — La liste est portée en même temps sur un registre spécial, et double copie en est envoyée à la Préfecture du département pour la Caisse d'allotissement, et au greffe du tribunal de l'arrondissement.

Art. 76. — Tout habitant qui aurait négligé de faire constater ses droits, ne pourra plus le faire que l'année suivante.

Art. 77. — L'aspirance se perd par le départ de la commune pour aller résider dans une autre commune, exception faite du service militaire auquel cas tous les droits à l'aspirance et à l'allotissement se poursuivent.

Si l'aspirant retourne dans la commune qu'il habitait antérieurement, il ne peut reprendre le rang qu'il occupait sur la liste, mais il y est inscrit, dans sa catégorie, comme s'il venait y résider pour la première fois.

CHAPITRE VIII

DU MODE DE PARTAGE ET DE L'ATTRIBUTION DES LOTS

Art. 78. — Lorsqu'il y a lieu de procéder à un allotissement, la contenance du territoire à allotir est calculée proportionnellement au nombre des aspirants, de manière à les pourvoir dans les conditions suivantes :

1° Les aspirants de la première et de la deuxième catégorie, par portions égales.

2° Les aspirants de la troisième catégorie, pour la seule différence entre la contenance de leur propriété personnelle et la contenance des lots des autres catégories.

Toutefois, afin de ne pas morceler le sol à l'infini, et de ne pas concéder à ces derniers des morceaux de terre d'une étendue dérisoire, l'écart entre la surface possédée et la surface concédée devra atteindre au moins vingt ares.

L'attribution des lots se fait, pour chaque catégorie, dans l'ordre d'inscription.

ART. 79. — Si l'étendue du territoire à allotir ne permet pas de constituer à tous les aspirants un lot d'au moins trente-trois ares, il est fait attribution des lots, arrêtés à leur contenance minima, jusqu'à concurrence de leur nombre, en suivant simplement l'ordre d'inscription sur la liste d'aspirance.

ART. 80. — Si l'étendue du territoire à allotir est supérieure aux besoins, même en constituant des lots de deux, ou cinq hectares (art. 44), l'excédent du territoire est laissé aux biens en réserve, auxquels il est repris, chaque année, une contenance de terre proportionnée au nombre des nouveaux aspirants à pourvoir.

ART. 81. — Lorsqu'il y a lieu à allotissement partiel, il est fait d'abord attribution, aux aspirants non encore allotis, d'un lot égal aux lots déjà établis dans la commune.

Lorsqu'il n'y a plus d'aspirants à pourvoir, les terrains à allotir sont partagés par portions égales, et ces portions sont ajoutées aux lots existants.

Il n'y a, toutefois lieu à partage que lorsque ces portions ne peuvent être inférieures à vingt ares.

ART. 82. — L'envoi en jouissance a lieu par ordonnance du Président du tribunal civil.

ART. 83. — La requête est rendue, sans délai et sans frais, sur certificat du maire de la commune, contresigné à la Caisse d'allotissement, puis au greffe du tribunal, attestant que l'impétrant est bien exactement l'ayant-droit.

CHAPITRE IX

DE LA TRANSMISSION. — ET DU CUMUL

ART. 84. — Les lots étant indivisibles, l'alloti ne peut disposer de son lot, par testament, qu'au profit d'un seul de ses enfants.

Il lui est loisible d'intervertir l'ordre de successibilité.

ART. 85. — Si l'alloti incapable d'exploiter par lui-même a désigné un de ses enfants pour exploiter son lot (art. 50), que cet enfant exploite et qu'il ait pourvu aux besoins de ses parents, s'il n'est pas alloti, c'est celui-là qui hérite, même s'il était survenu des dispositions testamentaires autres.

ART. 86. — Dans la ligne directe et descendante, sont compris les enfants naturels ou adoptifs légalement reconnus. Mais les enfants légitimes ont la préférence sur les autres, et les enfants naturels l'emportent sur les adoptifs, même s'il y a disposition testamentaire.

Art. 87. — En l'absence de disposition testamentaire, l'aîné, sans distinction de sexes, est appelé à succéder.

Au cas de prédécès de l'aîné, sa part revient à l'aîné de celui-ci, ou à l'aîné de ce dernier.

Art. 88. — Malgré le mariage, le lot dont jouissent les époux reste propre à celui du chef duquel il est entré ou tombé dans le ménage, et la disposition testamentaire appartient à lui seul.

Art. 89. — Le droit héréditaire s'ouvre, en conséquence, à partir du décès de l'époux personnellement alloti, mais les effets en sont suspendus quant à leur exercice, jusqu'à la mort de l'époux survivant.

Art. 90. — En cas d'allotissement par la Commune pendant le mariage, les époux sont réputés allotis chacun pour moitié; la disposition testamentaire appartient au mari, et, à défaut de testament par le mari s'il prédécède, à la femme. Mais, dans toutes les hypothèses possibles, le droit des enfants de leur lit prévaut sur le droit des enfants d'autres lits.

Art. 91. — Dans le cas même de lot échu conjointement, le droit héréditaire des enfants de l'époux prédécédé, est acquis au moment de la mort de celui-ci, sauf le bénéfice de la survivance stipulé à l'art. 89.

Art. 92. — En cas de convol, l'époux survivant ne peut prétendre au bénéfice de l'art. 89 qu'autant que le lot lui était propre.

Art. 93. — Le cumul de deux lots étant interdit, deux allotis qui viennent à se marier doivent opter pour l'un des deux lots et faire abandon de l'autre.

Art. 94. — De même, un alloti qui hérite d'un lot, doit opter, et faire abandon.

Art. 95. — Dans le cas de convol ou de veuvage, si le lot répudié par suite de cumul a été acquis conjointement par les époux du premier lit, le droit héréditaire s'ouvre pour le lot répudié au moment même de la renonciation.

Art. 96. — Il n'y a pas cumul dans les cas prévus aux art. 50 et 65, lorsqu'il s'agit d'incapacité ou de l'exercice de la puissance paternelle.

———

TITRE TROISIÈME

De la mise en allotissement.

———

CHAPITRE X

DU MODE D'ALLOTISSEMENT

Art. 97. — Lorsque des biens du domaine de jouissance privée sont allotissables, il est procédé d'abord au classement de ces biens en biens à allotir et en biens à réserver, conformément aux prescriptions des articles 10 et 11.

Art. 98. — Ce classement s'effectue, dans chaque département, par les soins d'une commission composée :

D'une part : d'un délégué du Ministère de l'Agriculture, — de deux agents de l'administration des forêts, — d'un délégué du Ministère des Travaux publics, et d'un délégué du Ministère de la Guerre, ou de la Marine.

D'autre part : du conseiller général et du conseiller d'arrondissement du canton ; — du maire et de cinq conseillers municipaux ou habitants, choisis par le Conseil municipal, et dont trois au moins ne sont pas imposés à la contribution foncière, de la commune où les biens sont situés.

Art. 99. — Si la désignation, par les Conseils municipaux, de cinq conseillers ou habitants devant faire partie de la Commission est retardée par mauvaise volonté ou négligence, le Préfet du département y pourvoit d'office et sans délai.

Art. 100. — Les habitants sont prévenus du jour où la Commission doit opérer sur le territoire de la commune.

Art. 101. — Après un examen sur place de tous les biens, la Commission se réunit à la mairie du lieu pour déterminer en séance un premier classement des biens à allotir et de ceux à réserver.

Art. 102. — Les biens affermés et les biens indivis sont également classés par elle en biens à allotir et en biens à réserver.

Art. 103. — Les délibérations de la Commission sont publiques.

Art. 104. — Dès que la Commission a statué, le résultat de ses délibérations est immédiatement affiché, en même temps que s'ouvre à la mairie un registre destiné à recevoir les observations des habitants de la commune.

Art. 105. — Les délibérations de la Commission et les observations des habitants sont ensuite transmises à la Préfecture, où il est procédé au classement définitif en session du Conseil général convoqué au besoin à cet effet.

Art. 106. — Le classement définitif est rendu public et la mise en allotissement exécutoire par un arrêté préfectoral.

Art. 107. — Les biens affermés et les biens indivis figurent également à leur place dans le classement définitif, avec l'indication de leur condition du moment.

Au fur et à mesure que prennent fin les baux, ou que cesse l'indivision, ces biens subissent *ipso facto* et sans formalités nouvelles les obligations de leur classement.

Art. 108. — Pendant que s'effectuent les opérations précédentes, a lieu dans chaque commune, une assemblée générale des aspirants à l'obtention d'un lot. Cette assemblée nomme une délégation de cinq membres par chaque centaine, ou fraction de centaine, d'aspirants inscrits, et pris en dehors du Conseil municipal.

Art. 109. — Cette délégation forme, conjointement avec le Conseil municipal, et sous la présidence du maire, une Commission dite communale, laquelle est chargée d'effectuer l'allotissement.

Art. 110. — La Commission communale procède à la délimitation des lots sur le terrain, en se conformant aux prescriptions des articles 72, 73, 74 et 75.

Elle doit délimiter les lots, autant que possible, d'un seul tenant. Mais, si la qualité des terres l'exige, elle peut les diviser en deux parts, en sorte que chaque lot ait même quantité de bonne et de moins bonne terre, et afin que le produit puisse en être à peu près égal pour tous.

Toutefois, aucune fraction de lot ne peut être inférieure à vingt ares.

Art. 111. — La délimitation des lots ainsi faite, la Commission procède, dans une assemblée générale des habitants de la commune, au tirage au sort des lots entre tous les aspirants qu'il est possible de pourvoir ce jour-là.

Art. 112. — L'envoi en jouissance a lieu immédiatement.

Art. 113. — S'il est fait refus d'accepter un lot, le refus n'implique pas déchéance ou renonciation. Seulement celui qui a refusé ne peut revenir sur son refus qu'autant que le lot non accepté n'a pas été attribué. Si l'attribution a été faite, il ne peut en aucun cas déposséder l'alloti. Il garde son rang sur la liste, et attend, pour être pourvu, que se fasse une nouvelle attribution de lots, ou qu'un lot devienne libre.

Art. 114. — Les biens que leur nature, ou leur situation, feraient paraître peu propres à la culture sont laissés aux biens en réserve pour être plantés en bois.

Art. 115. — Toutefois, au moment de l'allotissement, s'il est formé, par un ou plusieurs aspirants non pourvus, une demande de mise en culture de ces terrains, il en est rapporté au partage une quantité proportionnelle au nombre des demandes.

Art. 116. — Avant d'être allotis, les étangs, — sauf ceux qui peuvent être maintenus, — les marais et tourbières sans exception, sont asséchés et assainis par les soins des communes, à l'aide des biens de concours.

Art. 117. — Les étangs dont l'importance, le régime, ou l'innocuité pour la santé publique permettent le maintien, sont soumis à la pisciculture.

Art. 118. — Leur exploitation peut être communale, ou allotie entre des aspirants, suivant des proportions que les Conseils municipaux déterminent en connaissance de cause, et aux conditions par les allotis de parfait entretien et de bonne culture.

Art. 119. — Les marais et tourbières peuvent également être allotis avant leur desséchement, aux conditions par les détenteurs de dessécher, d'assainir, de mettre en culture et d'entretenir les fossés d'écoulement.

Art. 120. — Dans tous les cas, l'extraction de la tourbe est interdite.

CHAPITRE XI

DE L'USAGE DES BIENS EN RÉSERVE ET DE LA PARTICIPATION

AUX BIENS DE CONCOURS

Art. 121. — Les bois provenant du défrichement des forêts à allotir sont réservés pour être mis à la disposition des allotis, et l'excédent, s'il en est, être vendu au profit des caisses d'allotissement.

Art. 122. — Les droits que les communes possédaient antérieurement à la promulgation de la présente loi sur les biens communaux ne sont maintenus que pour les biens à réserver, et dans la proportion jugée compatible avec l'exploitation de ces biens.

Art. 123. — Les droits de pâturage, de pacage et de panage, s'éteindront au fur et à mesure que s'organisera l'allotissement et que les habitants des communes pourront se suffire par l'exploitation de leur lot.

ART. 124. — Les allotis ont droit, pour la mise en valeur de leur lot, à une quantité de bois de construction en rapport avec l'étendue des bâtiments à élever, lesquels bâtiments doivent être eux-mêmes en rapport avec l'importance du lot.

ART. 125. — Les allotis ont également droit à l'ouverture d'une carrière sur un point des terres en réserve, ou à réserver à cet effet, et d'y puiser dans les proportions établies à l'article précédent.

ART. 126. — Les demandes de participation aux biens de concours sont examinées par les Conseils municipaux, et transmis, après délibération, par le maire au préfet, lequel statue et fait délivrer les fonds aux communes par la Caisse d'allotissement.

ART. 127. — Les allotis ne reçoivent rien en argent. Les instruments, graines de semence, engrais, les divers matériaux de construction leur sont toujours délivrés en nature par les soins d'une Commission prise dans le Conseil municipal et nommée au mois de janvier pour l'année.

CHAPITRE XII

DE L'APPLICATION DE LA PRÉSENTE LOI AUX BIENS EXISTANTS
ET DES DÉLAIS D'EXÉCUTION

ART. 128. — Aussitôt la notification aux communes de l'arrêté préfectoral prescrit à l'art. 37, les dispositions de la présente loi seront applicables aux biens actuels qui auront été compris dans la première classe et déclarés allotissables.

ART. 129. — Egalement l'administration des biens de concours sera organisée de manière à répondre aux obligations imposées par la présente loi.

ART. 130. — Lors de ce premier allotissement général, les délais nécessaires à l'exécution des différentes opérations prescrites précédemment seront calculés de manière à permettre l'entrée en jouissance des lots avant la fin du douzième mois qui suivra la promulgation de la présente loi.

ART. 131. — Lorsqu'il surviendra des allotissements partiels, les délais ne devront pas excéder six mois à partir de la publication du décret déclarant les biens allotissables.

ART. 132. — Lorsqu'il s'agira simplement d'attribuer des lots repris aux biens en réserve, l'entrée en jouissance se fera au plus tard dans les trois mois à partir du jour de la reprise.

CHAPITRE XIII

DES BIENS COMMUNAUX DÉJA PARTAGÉS, OU PORTIONS MÉNAGÈRES

ART. 133. — Dans les départements formés des anciennes provinces de Bourgogne, de Lorraine, de Flandres et d'Artois, et dans tous autres, où sont en vigueur les édits de 1769, 1774, 1777 et 1770, réglant le partage des communaux, les communes soumises au régime de ces édits n'auront pas besoin de procéder à un nouvel allotissement de ceux de leurs biens déjà apportionnés; les lots y subsisteront tels qu'ils sont constitués.

Mais la présente loi leur sera immédiatement applicable dans toutes ses autres dispositions.

CHAPITRE XIV

DE LA JURIDICTION

Art. 134. — Les tribunaux ordinaires connaîtront des contestations qui pourraient survenir, ainsi que des difficultés concernant l'exécution de leurs jugements.

Art. 135. — Les contestations et difficultés seront instruites et jugées comme matières sommaires, sans préliminaires de conciliation.

CHAPITRE XV

ABROGATION DES LOIS ANTÉRIEURES

Art. 136. — Sont et demeurent abrogés, les lois, édits, décrets, ordonnances, décisions, arrêtés et toutes autres dispositions, en ce qu'ils ont de contraire à la présente loi.

Paris. — Typ. N. Blanpain, 7, rue Jeanne.

des procédés les plus perfectionnés d'aménagement et de culture du sol, afin de faire produire à la terre les plus hauts rendements, et d'étendre par là, à toutes les classes de la société, les facilités et le bien-être de l'existence ;

4° L'étude d'un nouveau système d'impôt compatible avec l'extension de la petite propriété, et qui ne soit ni une charge pour le travail, ni une limitation de la production, ni un privilège pour des catégories d'habitants ;

5° Provisoirement, l'étude des questions agricoles actuelles, au triple point de vue de l'amélioration des cultures et de l'accroissement des rendements, de la concurrence de l'étranger, du bon marché des produits, par des moyens autres que des surtaxes ou la concession de monopoles et de privilèges ;

6° La préparation de projets de lois en vue d'une réalisation par le Parlement des idées et des principes que la Ligue aura propagés et défendus.

Art. 3. — La Ligue procède, dans son action, par les voies légales, pacifiques et progressives ; elle a, pour principale tendance, de calmer les irritations et de rétablir la bonne harmonie entre les classes de la société, afin de prévenir les dangers possibles de bouleversements futurs.

. . . .

Art. 6. — La Ligue se compose de membres actifs et de membres participants.

. . . .

Art. 8. — Elle peut créer en province des Comités régionaux et des Comités locaux qui auront pour objet, en outre de la diffusion dans les campagnes des idées agraires, l'étude, dans les départements, du régime de la propriété et du régime cultural en usage, la recherche des meilleurs moyens de mise en valeur des terres en friche, et l'enseignement aux cultivateurs des procédés perfectionnés de culture.

Art. 9. — Les Comités régionaux et les Comités locaux sont indépendants pour leur administration intérieure, mais sont placés, quant à l'impulsion générale à donner au mouvement, sous la direction du Comité Directeur de la Ligue.

Art. 10. — Les adhérents à la présente Ligue qui habitent les départements, sont de droit membres des Comités régionaux ou des Comités locaux.

. . . .

Art. 21. — Les ressources de la Ligue se composent :

1° De la cotisation des membres actifs, fixée à six francs par an, et payable en une, deux ou trois fois ;

2° De la cotisation des membres participants, fixée à *cinquante centimes par an* ;

3° Des dons que la Ligue pourra provoquer, et des produits des fêtes, quêtes, ventes qu'elle pourra organiser.

Les Comités de province, afin de couvrir le Comité Directeur des dépenses d'administration et de propagande générale, versent au Comité Directeur la moitié de leurs recettes.

Chaque année, le Comité Directeur publie la liste générale des adhérents.

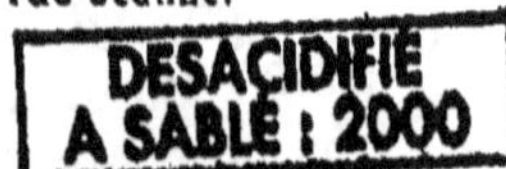
DESACIDIFIÉ
A SABLÉ : 2000

www.ingramcontent.com/pod-product-compliance
Lightning Source LLC
LaVergne TN
LVHW020102070726
842525LV00018B/1656